U0135562

兩個餌只釣一條魚

與許文龍邊釣邊聊

林佳龍 編著

序文

生而不有，為而不恃，長而不宰

見過許文龍，聽過他演講的人，很難不被他吸引。我自己就是因為聽了他演講錄音帶之後，深深對他著迷。因此，後來用了長達十二年的時間，紀錄下和他的對話，編寫成《零與無限大》一書，希望能讓更多人受惠於這位長者的智慧。

出版之後，我收到許多讀者的回饋與肯定，很多朋友進一步建議說，許文龍隨手拈來的語言，如此簡潔自然優美且充滿智慧，我實在應該另外編一本隨身小書，集結書中精彩內容，來讓更多讀者領略許文龍的生命哲學。也因此，有了您手上這本書的誕生。

對許文龍來說，《零與無限大》出版以來最關鍵的事件，當屬奇美博物館的遷建新館和落成啟用。認識許文龍的人都知道，奇美博物館是他一輩子最念茲在茲的夢想。這與他從少年時代就迷上生態學有關，因為他深信，生命是有限的，再怎麼辛苦經營的事業，總也會有灰飛煙滅的一天。相反的，能夠永續存在、生生不息的，只有自然與藝術。今天，有著豐富自然與藝術館藏的奇美博物館，每年吸引上百萬遊客，無論什麼成長背景和興趣的人，都可以在這裡找到吸引自己的典藏品和感動。

多年來，許文龍默默推動音樂教育，已經二十八屆的奇美藝術獎鼓勵了相當多的年輕藝術家。例如年輕小提琴家曾宇謙，不僅獲頒奇美藝術獎的獎學金，而且打從十一歲開始就向奇美借琴至今。二〇一五年，曾宇謙借用奇美所珍藏的Castelbarco-Tarisio 名琴，拿下「柴可夫斯基音樂獎銀牌」（該屆金牌從缺），成為史上第一位奪下這個音樂大獎的台灣人，讓國人同感光榮。許文龍常說，這些珍貴的世界名琴並不屬於他，而是全人類的資產，他只是暫時負責保管這些琴的人而已，因為這些老祖宗留下的好東西，都應與社會共享、共生、共好。他也由衷希望能儘量協助年輕藝術家，讓他們和台灣都能在國際舞台上發光發熱，也希望他們有朝一日可以回過來接棒，提攜下一代的台灣藝術家。

許文龍是我妻子婉如的舅公兼姑丈，多年來與他相處，我發現他格外重視這種人與人、人與環境之間的和諧共處。愛釣魚的他常說，只有當大家都有收穫，自己才會是最快樂的。假如大家一起出門釣魚，結果只有他一個人釣到很多，其他人都沒釣到魚，那回家的路上，他也很難快樂到哪裡去。反之，如果大家都有釣到魚，就算有人收穫多、有人收獲少，整輛車照樣會歡樂到翻過去。

共享哲學同樣深植於許文龍經營理念之中。他總是提醒大家，做生意一定要讓往來的另一方也有錢可賺，讓一起努力的同仁都能共享利潤。「我們得利，也要留一些利益給別人，這樣大家的關係才能不斷深化下去。」除了重視與上下游業者和與內部員工的利益分享，他也對員工充分的授權。「當員工把公司當成他們自己的事業在經營，咱做頭家的還有什麼事情可忙？」他說：「抓蝨母相咬而已。」

許文龍這一生，也深受老莊哲學啟發。他不僅讀老莊，更身體力行《道德經》裡所說的「生而不有，為而不恃，長而不宰」。總是在言談中、在實際行動中，體現「道生萬物而不為己有，成就萬物而不仗恃己用，尊重萬物而不主宰行為」的哲學。

在這本《兩個餌只釣一條魚：與許文龍邊釣邊聊》裡，我擇錄了許多許文龍的思想精華，分為四大篇：處世、經商、關懷、自然與藝術。另外，多年來許文龍與我有多次對談，曾刊於前版《零與無限大》中，這回為了與讀者們分享許文龍「原汁原味」的智慧，因此特別將訪談收錄於本書中。

讀完這本書，倘若你也跟我一樣愛上許文龍的思想，歡迎你將這本書傳遞給下一位讀者。如果這個社會有多一些人能吸收到和實踐這樣的共享幸福理念，相信台灣的未來會很不一樣！

林佳龍　台中

目次

處世

經商

關懷

自然與藝術

處世

我只想當工人，口袋裡放一本詩集

我總覺得自己很好運的一點，就是不會念書。我的學歷只有高中，所以從小我就沒想要做什麼高階職位的工作，只想做一個快樂的工人。少年時代，我的理想就是身上穿一條工作褲，口袋放一本詩集。十七、八歲出社會後我自己看一些書，得到的也很多。我沒有書本上的刻板觀念，看事情往往也比較正確。

得不到想要的東西？人生本來就是如此

我從小身體不好，當了大半輩子的病人。我體悟到：沒有人一出生就可以明確地知道，自己是什麼、自己想要做什麼，連佛陀也不例外。佛陀原本也是一個很平凡的人，後來經歷一些痛苦的經驗，想得到的東西得不到，最後才明白，原來人生就是如此。

以感恩的心情過日子

人生有一面好的，就有一面壞的。遇到壞的事情怎麼辦？心情放輕鬆，放下，然後感謝父母。以感恩的心情過日子，就會比較快樂。

不能兌換幸福的財富，是毒藥

錢就是要換成幸福，才不會是毒藥。

留些利益給別人，生意才會繼續下去

對人要留餘地。在生意上，要留些利益給別人，這樣關係才會繼續下去。比方說，我可以賺一百塊，可是我願意少賺一點，賺八十，讓你多賺二十。這樣你好、我也好。要讓人覺得你有點笨笨的，你才有更多錢可以賺。

工作只是手段，活得快樂才是目的

很多人是工作狂，不工作不行，我是相反，覺得不用做最好。當然，工作也很快樂，有成就感，看到今年賺多少、明年賺多少，設備增加多少、生產增加多少，也是很快樂的事。只是，我不會為了這種事花很多時間。工作賺錢是我的手段，不是目的。

可以熱愛工作，但不要被工作綁死

很多人在學校讀很多書，畢業之後，事業變成生活裡的全部，沒有時間去接觸別的東西了。對我來說，事業很重要沒錯，但更重要的卻是我的休閒時間。如果一個人只是被工作綁住，忙到都沒有閒，一輩子的打拚，就非常沒有價值了。

遇到問題，就把過去歸零吧

有時候，一件事情是禍還是福，要看自己的心態。遇到不好的事情，與其在那裡悲觀，不如樂觀地歸零。你若能換個角度想，都會是轉機。在我人生遇到一些問題時，我都會去想：「另一面是怎麼樣？」所以我比較樂觀，什麼事情都會去想想「另一面」是怎麼樣。

跌倒不要馬上爬起來，先看看地上有沒有寶物可以撿

在人生裡，沒有什麼東西一定是好的。《易經》就說：好是壞的開始，壞是好的開始。所以你看，任何事情都有好的一面。每個人一生都會遭遇很多事情，讓你們感到很傷心，其實這都是轉機。我常說，跌倒的時候，不要馬上爬起來，先看看地上有沒有什麼寶貝可以撿。

錢，要拿出來用才是錢

在我看來，存在銀行裡的錢，就像倉庫裡的原料，不是成品。那些只會賺錢存錢，卻不會花錢用錢的人，只做了一半的事情。所以我一直思考，辛苦賺來的錢要怎麼花，這是為什麼我跑去開醫院、蓋博物館。錢，要用了才是錢。我們一定要有這個觀念的覺醒。

要埋頭打拼，但不要忘了追求幸福的初衷

很多問題的產生，都是因為人們忘了原先的目的，只重視手段，而且是末端的手段，最後眼裡也只剩下手段。我們一定要回去思考，到底追求的是什麼？例如打拚事業，大家都說是要追求幸福，但是幸福的定義人人不同。有人是看到「銀行簿仔」裡的錢增加，就感到真快樂，有人則有不同的想法。所以，打拼事業的同時不要忘了：你的幸福定義在哪裡？這實在是非常大的學問。

錢要回歸社會，而不是老想著留給後代

「錢要留給後代」這種思想若不放，我們一代一代賺的錢，就無法回歸社會。我們常說自己有多厲害，說我們有五千年文化、中華民族什麼的，說了一卡車，實際上，就是兩個字而已：自私！所有的錢就是想留給自己子孫，就是要放在外國，如此而已。

把錢留給孩子，是給孩子的人生減分

我辛苦賺的錢，說完全不給子孫也是不近人情。只不過，全留給孩子也不是好辦法，對他們的人生而言，那是加分還是減分還很難說。如果你問我，我認為是減分比較多，因為這些錢會衍生出很多問題，例如稅金等等，如果留下公司股票給他們，他們也未必會經營，所以到最後他一定不會快樂。

多想想：
有多少人曾經幫助過我們？

一個社會，本來就不是你踏出家門就有路可走，下雨就有水溝可流，水龍頭轉了就可以用的。這些大家都忘了，都以為自己多厲害。事實上，我們能成功賺錢，自己的能力只是一部分原因而已，我們都需要其他種種看不到的條件配合。所以，不要太自私，多想想：有多少人幫助過我們？我們該如何報答社會？

我今天若是吃飽了，食物再多我也不要

追求欲望，這是人類進步的原點，卻也是不幸的開端。人若沒有欲望，事情就會很單純。我一直相信，人本來就是活在大自然裡，就應該讓自然的原則來支配我們。我今天若是吃飽了，食物再多我都不要。實在說，一個人實際生活所需要用到的錢，實在不多，我們一個月能吃的食物，再多也是這樣，能占有的東西也是有限，實在都已經足夠。但是很多人心裡「想要的」，往往卻是實際需要的幾千倍、幾萬倍。若能順應自然，生存其實很單純，也沒有今天社會上這麼多麻煩的事。

對外人大方，對太太刻薄的人，非常令人討厭

很多人把人生順序弄反了，例如對自己的太太很刻薄，在外面卻很大方；要不然就是對自己員工很計較，然後在外面捐大錢，讓報紙登。這種人，蓋討人厭。

一個人好不好命，跟有沒有百億財產無關

一個有一百億財富的人，未必比一個有一百萬存款的人好命。若有這個理解，你就不會只想著要學那些非常有錢的人。

看得開，在任何環境你都能自在

幸福跟環境是兩回事。幸福是內在的事情，若你對事情看得開，在什麼環境、在任何變化中都不會感到害怕。禪宗有一句話說：滅卻心頭火自涼，這句話是很好的，你的內心若很平靜、很穩，就算走進火裡都會感到絲絲涼意。

放下面子，你會更有勇氣

我最大的資產，就是不在乎面子。萬一生意垮了，我可以在任何時候去菜市場賣魚。當你有這個打算時，整個人都會「勇」起來。

做事業，不是大就一定好，小就一定壞

「大」和「好」不同，要做大企業，你要跟更多不熟識、背景不同、文化不同的人打交道。有時候，不如做小一點，賺少一點，比較單純。

天底下沒有永遠存在的企業

所有的企業沒有永遠存在這回事，到了一個時機，如果出現一個人做得不對、出了事情，也是要讓它新陳代謝。

接近創業的目的，不是接近股票

我知道上市的好處很多，但我反對我的事業上市。經營企業是我得到幸福的手段，不是最後的目的。我要更接近目的，不是接近股票。

股票上市之後，說不炒作是騙人的

你想想看，上市的目的是什麼？一個理由是要從市場上拿資金，另一個就是可以靠炒股票來賺錢。所以那些菜籃族會被企業家騙，十個買股票的人，恐怕只有一個會賺，一個不賺不賠，剩下的都會虧。

買股票是要等配股，而不是等漲價

假如讓我當總統，你若愛炒股票，我就會讓你炒到夠，把各種不合理的規定全都廢掉。但是我會很誠實跟老百姓說，你自己要注意，買股票是要等配股，而不是等漲價。炒作股價是有風險的，你八成會虧本，輸的是你自己的錢，而且買賣股票還要繳稅給政府。

不能活用的知識，背太多只是浪費生命

不能活用的知識、隨時可以查到的資料，背再多不會讓孩子變聰明，只會變笨、浪費時間、浪費生命。

少年時間寶貴，別用來背沒用的東西

人的一生當中，少年的這段時間是很寶貴的，怎麼可以用來考試？背那些無用的東西？

補助學生，不是補助學校

要改善教育上的貧富差距，政府不是補助學校，而是要補助學生。若有孩子沒錢讀書，就補助他們，讓他們都讀得起。

考試的六十分哲學

從時間運用的角度來看，考試只要考六十分就好了。這表示你基礎都懂了，邊際效益最高。如果你老是考一百分，我認為過頭了，因為那意味著你要準備到一百二十分，才不會被老師考倒。最聰明的人只考六十分，然後你會有很多時間去做快樂的事，睡覺啊、玩耍啊，都好。當然，如果能考八十分也很好，勉強還有時間做自己的事。總之，最可憐的就是考一百分，你整個人都會賠進去。

被畫上格子，就只能寫字了

人若是一張白紙，你要在上面畫什麼圖都可以，可是若被畫上格子，你就只能寫字了。從國中時代就教育孩子正確的價值觀，讓他們了解自己的興趣，不要用大人的價值觀來逼迫小孩，我相信，下一代都會發展得比我們好。

經商

不要當一個中毒的老闆

就像吃藥會中毒，做企業，同樣也會中毒。有些領導者，自己越做越有興趣，可是周圍的人不一定會跟著越來越有趣味。因此，領導者一定要站在別人的立場來做事。這就是為什麼，我早在一九八四年，就要公司週休二日，因為我當時一個禮拜只做一、兩天，要員工們做六天，太對不起他們。

領導者要有夢，
也要懂得打造幸福的工作環境

一個好的領導者，應該是「夢的推銷者」，也是「幸福環境的塑造者」。那麼，要怎樣塑造幸福的環境？我認為有兩項重要的任務：第一，創造一個好做事的環境；第二，利益分配要公平。只有這兩樣而已。

有錢的人，要讓沒錢的人占便宜

這個社會，老實講都是有錢人在占沒錢人的便宜，有能力者在占無能力者便宜。人，當然是錢愈多愈好。不過我是感覺說，若只有你一個人有錢，也是歹命，相反的，大家都有錢，這樣是最好的。所以從一開始，我就提過一個觀念：「有錢的要讓沒錢的占便宜，大股東要讓小股東占便宜，有能力者要讓無能力者占便宜。」我按照這個想法做了以後，發現大家真的都很快樂。

從工資來降低成本的，是無能的經營者

台灣的傳統產業常喊找不到工人，喊了一、二十年。但這個情況，奇美從來沒有發生。為什麼會找不到工人？我想這是三歲小孩都知道的事：就是你工資低、環境差而已。身為老闆若不會去考慮這些，那你在經營上的考試一定是零分。從工資來降低成本的，是無能的經營者。

沒有未來的事業，不要苦撐到最後

沒有任何一種行業，是可以永遠賺下去的。趁一個行業沒有未來、但還有生存空間時就收起來，不能說是失敗。要懂得急流勇退，千萬不要笨笨的一直撐，撐到虧損一塌糊塗才收。

做生意，一定要學會跑

有些做生意的朋友來，我常常會提醒他們：「對你們來說，孫子兵法最好用的，就是第三十六計——不行了，就要跑。」經營企業就是要這樣，時機到了，體質不再適合了，就要跑。

但是有一點很重要：要跑得比別人快，不要等火燒屁股了才跑。因為，要把公司收掉的時候都會很痛苦，除了客戶不願意它收起來，你也要找新的工作來讓員工轉業。這些事情要處理得好，就要在還有賺錢時採取行動。

做生意，沒有不經歷起伏的

人的一生，不可能常常在贏，事事順遂的。對生意來說，起起伏伏也是很自然的事，我在一九七〇年代也經歷過石油危機，遇到了，就是要接受它，盡量減少失落感。

先確定這不是一條無尾巷

就像當小販，你不能因為這條街有狗在吠，狗會咬人，就不敢挑東西進去賣。如果你敢進去，你就還是能賺到錢。當然，做事業不是只靠膽量大，你要進這條街以前，還是得先確定這不是一條無尾巷（死巷）。

你可以砍我，但最後是我贏你

日本劍道有一句話，說：「我讓你削我的皮，但是我要砍你的肉；我讓你砍我的肉，但是我要斷你的骨。」意思是，一心只想要自己不受傷、又能傷人，但我不同，我從一開始就覺悟到要被你砍，然後再評估怎樣就算想被你砍，但最後還是能贏你。

別讓員工失去嘗試的勇氣

「有功沒賞，弄破要賠」是一般企業常見的做法，但我認為，要看員工犯錯的動機。若動機是善的，是為了公司好而發生錯誤，絕對不該處罰。否則，做事情的人日後就會失去勇氣，不敢嘗試了。經營者一定要給他機會，不然，以後誰還敢嘗試新的東西？

不要在小局面裡打小算盤

一樣都是打算盤，看你是要用小算盤還是大算盤。困在小局面裡，算盤再怎麼撥還是那樣。但是若從大局面來算，賣多就是power，而這個power，就可以換成利潤。

選對產業很重要

通常當市場正在成長，進去只有賺多和賺少的差別而已，很少人會賠錢。但是當市場飽和的時候，則是賠的人多，賺的人少。這個道理人盡皆知，差別就在於，你知不知道自己進去的，是成長產業，還是已飽和、正要走下坡的產業。

沒被倒帳過？
那代表你太保守了

被倒帳未必不好，若你真的從來都沒被倒，那也是有問題。那表示：你害怕去賣，你太保守，所以販售成績一定不好。

做實業，人人都能享受到成果

我創立奇美時取名「實業」。在我認為，實業就是你用技術製造出來，可以創造附加價值的產品。生產這種產品，能讓整個社會享受到實業發展的成果。

炒地皮，就是沒有貢獻的虛業

我認為事業有實業也有「虛業」。例如，炒地皮就是虛的，你自己大賺錢，受害的卻是大眾。本來好好的土地一坪一萬可以買到，現在卻變成要十萬，九萬塊是被那些有錢的家族賺走了。這些人再拿你們加入保險的錢來炒地皮，本來一坪一萬的地價，他保費還你時已經漲到一坪二十萬，他賺了百分之九十五以上。那是建立在每個人的目屎（淚水）、每個人的汗水上的利益。所以我跟自己說，千萬不能賺這種錢。

嘴與鼻子理論

不管什麼行業，好賺都只是短期間，到最後都得拚得死去活來。所以要看你在那個競爭最激烈的時候，能不能生存。如果別人困難三天，而你只困難兩天，你就ＯＫ了。我常說一個「嘴與鼻子理論」：水若只淹到嘴，你還能活；但若淹到鼻子，你就無法生存了。你該想的，是如何能在別人已經淹到鼻子時，讓自己只淹到嘴？

大方一點，敵人會變成戰友

請的人工資便宜，當然成本就低，東西就比較好賣，利益比較高，但是員工的生活就不會快樂。如果一個老闆薪水給得高，大家就可以互惠，老闆與員工之間原本的對立關係，就變得不對立，敵人就會變成戰友。

員工做壞事，一定是你公司制度有問題

公司裡員工若離職跳槽，不能怪他，一定是你的待遇不好或環境差，他才會離職。我裡面的員工若做壞事，我先想我的制度一定有問題。這樣想，對彼此、對大家都好，可以真正解決很多問題。

善待你的供應商，他們是你重要的情報員

一般老闆會認為，原料供應商是要來賺錢的，通常未必給人家好臉色，更不會請對方吃飯。但這是不對的，你要從採購好原料做起，才能做出好產品，所以來賣你原料的人很重要，你對他好，他不但會拿好東西來賣你，也會成為你的情報員。

要跟我推銷產品？來來來，來泡茶

來跟你採購東西的客戶，你要奉茶請他坐。那些來推銷產品的供應商，你更要奉茶招待他。為什麼？因為人家來賣東西給你，你讓他歡喜，以後他才會把便宜的、好的東西優先拿來給你。所以，對於來推銷的、來收錢的，一定要給人家好印象，生意就是從這裡開始的。

不寫報告，可以省下很多做事的時間

我沒有寫字的習慣，也沒有看公文的習慣，除了訂婚後有寫一些字給我太太之外，我一生中很少寫字。所以奇美跟別的企業比起來，就像是一個「無文字社會」。員工很少寫報告，我也不看書面報告，也因為這樣，多出了很多做事情的時間。

我不喜歡聽理由，那只是在浪費時間

我們公司裡很少有那些不必要的文書作業。我要目標管理，不要手段管理，不需要浪費時間去寫什麼書面報告之類的東西。我需要的只是一句話：「上個月虧損多少錢？」我也不喜歡聽理由，直接問賺多少卡實在，剩下的都是浪費時間。我們人一生的時間實在很有限，用這些時間來做事，比較實在。人家問說，為什麼奇美一個人可以做那麼多事？我說：因為他們不用寫報告，可以一直做事。

每個人都會自我保護，你底下的員工也是

你去藥局說，我頭痛，請給我最好的藥，藥局會給你「最好」的藥嗎？我告訴你，他會給你「最好賺」的藥。同樣的道理，員工寫給上面的報告，一定是從他的立場，對他來說最有利的角度寫的，要說寫得多實在，這是不可能的。人都會自我保護，這是人性。所以看那種由下而上的報告，我們要有一番斟酌，上面的人要經過 filter（過濾），不能直接採用。

做出大家都愛吃的包子，就是你的競爭力

當大家都愛吃包子，自然就有人會做包子。開放的經濟，無論誰來投資都歡迎，只要生產出來的東西具有競爭力就可以了。

多賺的不要全拿，要懂得回饋給客戶

我通常會先跟客戶講好，貨款以每個月底的行情為清算價格，如果漲價，算客戶賺到，如果跌價，則由我吸收。等到每年年底決算的時候，我若認為自己賺得太多，我也會回饋給客戶，不要讓人覺得都只有我在賺錢。捉住客戶的心理，這樣客戶一定不會跑掉。

殺價時刻，別忘了給別人賺錢的空間

經營者的利益一定要從互惠的方向去找出來，不要自己一直殺價，卻不給別人賺錢的空間。若沒有共同的利益，就不會有長期的利益。

錢能賺就賺，不能賺也沒必要去當魔鬼

奇美很難得的一點，是沒有忘記「做事業是追求家庭幸福的手段」，沒有忘記每個人追求生活品質、幸福生活這個目的。早在週休二日尚未落實以前，我就禁止他們晚上加班，有些公司流行「魔鬼訓練營」，我非常反對這種做法。人就是人，要順其自然，錢可以賺就賺，若不能賺也沒有必要去「做魔鬼」。

公司需要的不是「管理」，是「經營」

我不太喜歡「管理」這個概念，我覺得對一個實業來講，與其說「管理」，不如說「經營」。管理多少帶有嚴肅跟殘酷的一面，這個人若不能達到公司的要求，我就炒他魷魚，這一套我不喜歡。所以我在公司裡，我要消滅「管理」這兩個字。相反的，經營需要用心，用心維護公司同仁的利益，用心做出好的環境使員工幸福，這些才是我對奇美的哲學。

領導者，一定要負責

領導者一定要負責。下面的人不管對或不對，你都要擔起來，不能放著讓公司被拖垮，領導者一定要有這種良心。

帶領團隊，要抓頭不抓尾

一件事情在處理時，我會先去想頭、尾是在哪裡，然後只抓頭就好，至於尾巴在做什麼，我不會去管，也不必管。一般人就是頭尾都要抓，就會浪費很多氣力精神。所以我常說，目標管理要徹底，不要用手段管理。手段應該要很寬，目標則要很明確。

一個壞人在九個好人當中，想使壞也沒辦法

任何公司一定有文化和制度，如果你把好的文化做起來，任何人都沒辦法抵抗這種文化。就像一個壞人在九個好人裡面，想使壞也沒辦法，反之亦然。所以關鍵就在於，你是否能打造一個合理、公平的環境。這種環境建立好了，帶心就不是問題。

經營，就是在適應環境

所謂的經營，就是一種「適應環境的行為」。一個經營者不能說你現在做肉粽，就永遠要做肉粽。當大家都愛吃米糕的時候，你做肉粽的，就要改成做米糕！領導者的頭腦要很有彈性，遇到什麼情況，就要有怎樣的判斷。企業家不是一定非做什麼產品不可的，要看市場的需要，也要看自己企業的體質，說不定我明天就變成賣肉粽的也很難講。

最重要的人不是老闆，是負責現場的指揮

我認為，主管都應該坐鎮前線指揮，不該隨意離開。我也常跟奇美的人說，若我的看法與你的主管不同，以你的主管為準，因為，他才是現場負責的人。

真正的老闆，是買你產品的客戶

我認為，人跟人之間不需要有管理的關係，因為管理都會造成對立。我認為在公司裡，每個人的人格都是平等的，不需要有管理的關係，若人家稱呼我「老闆」，我都會說：「我不是老闆呢，真正的老闆是買我們東西的客戶。」

不要小看「管理」的代價

管理，也是要成本的。我認為，不只是管理者會浪費成本，被管理者其實也在浪費成本。管理的事，真的是少做比較好。因為管理是成本很高的東西，為了管理，會使得整個工作效能都降低。我欣賞莊子的無為而治，想想看，若你太太上菜市場前，你還要她編一份預算，回來要報告怎麼買、在哪裡買，她一定會要跟你離婚。

「讓人感覺不出被管」，是帶領團隊的最高境界

人都一樣，都喜歡天高皇帝遠。沒有人管，是感覺最好的！所以，帶人的最高境界，要達到「讓人感覺不出被管」。在這之中，也不是說完全不管。我說的「管」，意思是說「你需要我來做，我才出面」。

不要老想著管員工，
要想：如何讓員工發揮所長

我從來不想「我要怎麼去管」，我想的都是「要怎樣做，才能讓你有所發揮？」「我不管你，你能不能勝任工作？」

對員工越好，我自己越快樂

我這幾十年來在公司所做的一切，其實是為了我自己的快樂去做的。很多人說，我給員工股票是為了讓員工快樂。我是想讓員工過好生活沒錯，但也不要把它美化說我就有多大肚量。我賺的錢，可以的話也不想分給別人呀。那我為什麼分？因為當我把錢給你，你會永遠認為我許先生是好人，大家看到我會說：「許桑，你做人有夠好！」。也就是說，我是為了我的快樂，才在公司設立員工認股、分配盈餘種種制度，我不是純為了利他，是為了利己才利他。所以你看，其實是給的人比較快樂！

把原本對立的關係，變成利益共享

世間很多事情，是能為原本對立的雙方都帶來好處的。做生意，就是要去找到這條路，把原本對立的關係，轉變為不是對立，這就是成功的祕訣。

我高興，大家也高興

老闆跟員工之間，在很多公司是對立關係，但是在奇美不是，我們是利益共享。若公司大賺，大家也會賺到。這麼一來，我進公司時高興，大家也高興。要不然，若所有股票都是我的，大家只是吃我的頭路，不管公司多賺錢，領的薪水都固定，那他們是不會有多歡喜上班的。

最好的產品，是不需要業務員推銷的

一般念管理、經濟學的，都認為工廠一定要有業務員、推銷員，但在我的思想裡，推銷是不需要的，sales 是次要的，重要的是你的產品有沒有競爭力。如果有，半夜客戶也會自己跑來。產品若做到還要拜託客戶買，那已經落伍了、是失敗的。

慢慢摸索，
也是一趟珍貴的經驗

當你迷路了，就要拿著羅盤去找路。我們可以慢慢摸索，也許要走上一年，但多走這一年，絕對不是虛度光陰。我們日後不但可以自己畫出地圖，還可以學到很多寶貴的經驗，我們知道哪些路會通，那些走不通。

要勇敢打破習慣、打破常例

照著別人的方法做很容易，但當你打破習慣，做跟別人不一樣的事情，就可能帶來不一樣的結果。我的公司很多作法都是破習慣、破常例的。比方講，為了方便客戶下訂單，我乾脆買傳真機送客戶，請他們直接用傳真機訂貨，貨款再匯給我們就行了。我當時向全世界採購傳真機，送出三千六百多台，花了上億元。但是，客戶都很高興。

當老闆，不要怕讓人家佔便宜

少年時代我也是非常認真，一日工作十幾個小時。這是因為我若不做這些事，就無法賺錢，也請不到人做。等到可以讓別人做，我就馬上讓別人做。若自己做可以賺一百，請人做只能賺三十，我寧願只賺三十。當然，我若請十個人替我做，我就賺三百。

我賺一百，給你八十

我若請你來做一件事，我賺一百塊只拿二十塊給你，你會很不情願。因為你心底明白，賺的錢大部分被我拿走了，所以你做不久。但假使我賺一百卻給你八十，你就會想「這個頭家不壞，賺的錢大部分給我」，你就會待下來了。可是我做頭家的未必吃虧，因為我可以請十個人，每個人二十，那就賺兩百塊，這是非常簡單的理論。

你替員工想，員工才會替你想

做企業的人要講究實際，不要講八股，你要大家以廠為家、犧牲奉獻、降低成本，這些都是廢話。公司的發展與成長，若和員工們的薪水無關，他們當然沒有義務替董事長、替股東賺錢，這是很實際的問題。如果能達到加薪的目標，對所有人都有好處，大家自然會去打拚，會認真去思考，想辦法達成目標。如果你不先替他著想，他為什麼要拚死拚活來達成你設定的目標？

關懷

世界和平就是有能力的人，願意讓沒有能力的人占便宜

有能力者要讓無能力者占便宜，大股東要讓小股東占便宜，有錢的要讓沒錢的占便宜，世界才會和平。

不要為了工作，把家庭放一邊

我常跟員工說，你們要去追求幸福呀，不要為了工作，沒日沒夜在打拼，把家庭都放到一邊。

表現不好的員工，就像家裡不聰明的小孩

我相信，企業與員工之間，是一種緣。人家說，我很照顧員工，其實我覺得是員工在照顧我。這是一種互惠，我的生活是靠他們來的，所以我當然要照顧他們。我希望來為我工作的人，大家都很歡喜，到了退休，也是歡喜的離開。請來的員工若是工作表現不好，你就當做像家裡出了一個比較不聰明的小孩一樣，沒辦法改變，這樣想就會很輕鬆。這就是一種快樂，就看你要不要重視這個快樂。

景氣不好？沒關係，吃到我的財產耗盡為止

一九七三年全球經濟大蕭條、很辛苦的時候，我沒有裁員。當時，台灣有一半以上的企業必須裁員或減薪，工廠幾近停工，我只有少數部長級以上的高級幹部減薪兩成，底下的都沒動。我跟他們說：「大家可以吃到我的財產耗盡為止！」這句話你敢講出來，你就是流氓頭子，什麼人都會要跟你。我不會打架，但就算是拳頭比我大的人都要跟我。

你公司裡的女工，也是別人家裡的千金小姐

在企業裡，要消除階級觀念，在人格上所有人一律平等。一家公司會成功，沒有一個人是不重要的，職位可以分大小，但是不能有階級的觀念。就像客人來，我們公司幫忙倒茶水的，越是主管越要做。要知道，女工回到家裡也是人家的千金啊！再差的屬下，也是別人家裡的好父親。即使是一個基層守衛，回到家裡也是一個好爸爸、好兒子呀！

房價一直漲，一般老百姓卻買不起的國家，是一個不正常的社會

現在社會上很多人很可憐，房價一直漲，你普通人再怎麼賣力工作，也買不起一間房子。若非父母有錢，或者靠貪污，否則已經很少有人買得起透天厝了。但是有錢人卻到處買房子，一棟一棟的買，四處買，他自己不住，也沒有要出租，白白讓蚊子好康，住免費的。這種事情很多，這真正是國家的損失、社會的損失。我認為，這種社會已經不正常了。

三塊麵包理論

對一個餓得半死的人來說，吃到第一塊麵包可以維持生命，所以第一塊麵包是性命，不吃會死。到了吃第二塊麵包的時候，他慢慢會品嘗到麵包的味道，帶來飽足的幸福，所以第二塊麵包是快樂。但是第三塊呢？原本已經很飽的人吃到第三塊麵包以後，就會撐死！所以，第三塊麵包變成了毒藥。

有錢了之後

經濟發展，就是如此。在台灣人都很貧困的年代，當務之急就是發展經濟，就像一個飢餓的人看到麵包一樣，只能囫圇吞棗，就算污染環境也是必要之惡，因為這時期最要緊的就是填飽百姓的肚子。可是，若大家都變得有錢了，吃穿都沒有大問題了，就有必要去檢討是不是要繼續漠視環保下去？因為再下去，台灣就不適合人住了。

沒有提升生活品質的經濟成長，有什麼意義？

經濟成長和生活品質是兩回事。若經濟成長10%，但過去由甲地到乙地只要十分鐘，現在卻要三十分鐘，請問這樣有比較好嗎？若經濟成長高，所造成的結果是物價高、各項服務也貴，人民也不快樂，這樣的成長有何意義？我寧願選擇經濟成長慢一點。

文明的政府，要照顧弱勢者

一個政府是否文明，要看你對弱勢者、對有需要的人提供了怎樣的照顧。

政府不該看重金錢遊戲

金融活動如果只是在國內把錢搬來搬去，錢滾錢，利滾利，這種作法並沒有創造出有價值的物品。我認為政府應該冷淡對待這種行業，不該對它太好，也不需要說它的地位有多高，尤其是那些拿別人的錢來炒地皮的行業。

股價被炒高，是投資者的壞消息

股票一上市，通常股價都會被炒得很高。但事實上，當股價被炒高，投資報酬率就一定不會好。相反的，假設公司體質不變，股價若跌，投資報酬率才會高。這是很簡單的道理。

我們吃穿已經足夠，不必去騙錢來花

我們奇美採取股票不上市，因為我看到很多上市公司老闆，根本是在騙大眾的錢來花的。我們吃穿已經很足夠，有需要去做這種事嗎？

護盤救股市，
就是拿大眾的錢去保護少數投資者

報紙常講「股票漲就是好，股票跌就是壞」，完全忽略了每一個產業、每一家企業本身的競爭力或長期發展，跟股價之間的關係。而且每次只要股價大跌，政府就喊要幾大基金來護盤，所以那些投機的人很威風，等政府出來「救股市」。這不是拿多數民眾的稅金、退休金、勞保金，來保護少數投資者的利益嗎？就是這些行為，造成台灣股民忘記要自負投資風險的事。

抽屜理論

我們整理抽屜時，若是只把裡面沒用的東西揀出來丟掉，一般只能清理出兩成。可是若換一個方式，先把抽屜全部倒出來，再揀出最需要的，就會只剩下兩成。想要除去舊習慣，用這個方法最好。

最好的政府，要負責主持正義，照顧人民

政府存在的目的，就是主持正義，以及照顧人民。最理想的政府要「管越少越好，做越少越好」。給人民充分自由，只要不侵害到第三者的自由就好了。假如你的自由可能會妨礙到別人的自由權利，當然我得出來處理。但也就這時候再介入就好了，這就是最好的政府。

老鼠理論：
追著打老鼠是笨人在做的傻事

老鼠若在一個環境裡可以生存，一定是那個環境提供了牠生存所需要的糧食。要消滅老鼠，你用老鼠藥、捕鼠籠或是老鼠夾，效果都不會好，老鼠還是會回來。一勞永逸的辦法，就是消滅食物來源，牠自然會離開。拿著棍子到處打老鼠，那是笨人在做傻事。

組織層級不能多，一多就僵化了

組織的效率差，癥結就是層級太多，管太多。管的事情越多，人員晉用就會越多。人員越多，主管怕人閒，管的事情就會擴大。管的事情越大，分工就會越厲害，行政流程就會越拉越長。到最後，一件事要所有人同意都很難，組織就會整個僵化了。

靠法律治理的社會，
就一定會有鑽法律漏洞的人

法，不是萬能的。社會上就有很多專靠鑽法律漏洞在賺錢的人，因為再嚴格的法律，還是會有漏洞。

不要老想著制定更多法律，而是要想如何鼓勵更多守法的人

訂再多的法律，都沒有用；百姓是否樂意去守法，才是重點。

管太多，只會逼出反效果

用法律來管理，就會逼著不犯法的人也犯法。就像你要管太太，要她每天報告去菜市場買了多少，就算她本來不藏私房錢，也被你逼到會藏。

政府不應扭曲國家的資源分配

台灣企業的競爭力跟利潤，仰賴的是本身不斷的自我突破跟努力降低成本，政府能幫的忙實在有限，既沒有辦法控制原料價格，也沒有辦法決定市場價格，更沒有辦法替我們爭取到訂單。動不動就拿政治力來干涉經濟活動，只會更扭曲了整個資源的有效分配。

讓經濟行為回歸自然，不要製造扭曲

沒法管的事硬要去管，只會製造出更多扭曲跟不公平競爭。政府可以做的、應該做的，就是鬆綁，讓經濟行為回歸自然。只要是民間可以做的，政府就不做；只要是市場可以處理的，就交給市場。

出門看到漂亮的天空，才是進步

我想不通，為什麼每年非要有幾個百分比的經濟成長不可？為什麼不去想說，我以前到火車站要花三十分鐘，現在只要二十分鐘才是好的？或者，現在出門都看得到漂亮的天空，路邊都是綠色的樹，才是進步？為什麼政府不把價值放在這些地方？

自然與藝術

自然才是世界，辦公室不是

我很喜歡待在大自然，總覺得那些看到大自然卻不會感動的人，是不幸的人。你每天待在辦公室，會覺得那裡就是全世界。但人到了大自然裡，處理事情時心境就會不一樣。

接受自然的偉大，人自然就謙卑

我們平常在忙碌的，其實都是非常渺小的事情。當你人生的價值是放在大自然時，看到人為的一切事物——例如當總統或什麼大官——就不是多了不起的事了。人是受到自然支配的一部分，不要有「我是整個世界」這種驕傲的想法。接受自然的偉大，人自然就謙卑。

大自然不需要我們保護，只需要我們不去搞破壞

「自然」界會保持自己的平衡，不需要人類浪費資源去特別保護什麼東西。我們只需要禁止人類去做那些破壞大自然平衡的事情，比方講一直抓一些魚苗、小魚來吃，特別是魚在產卵的時間，我們不可以去抓牠們。留一個適宜的環境給下一代，是我們最重要的工作與態度。

找前因，不是看後果

若你對生態學（Ecology）有了解，你做決定時，就不會單純只看一個小問題。你會先去了解，這個問題是怎麼發生的，你會從比較宏觀、整體的角度，去看它周遭事情與事情之間的關係。舉例來說，當公司賠錢，你把負責的人叫過來罵，是完全沒用的，要先去了解是什麼樣的前因，造成賠錢的結果。

把好自然、好文化、好傳統留給子孫

大自然，是屬於我們子孫的東西，我們實在沒那個權利去破壞它。山林、溼地被破壞了，要再恢復要五十年、一百年。我們通常會想到留一些錢給子孫，怎麼不會去想說：「我們留一些大自然、一些好的文化、好的傳統給子孫」呢？但大部分人留給子孫的，就是房子、錢，其實，我覺得更值得留給子孫的，是好的文化、好的傳統。

富裕社會裡的人，應該把錢花在文化上

當人民肚子已經顧飽了，吃穿基本上沒有大問題。那麼在這樣的時代，我認為錢就應該花在文化上，文化在人類的生活裡是很重要的。

音樂會，要給人感動

音樂會是「音」的會，是快「樂」的，是給人感動的，就算沒有高深學問的人，也絕對聽得懂、會被感動。所以我認為，開音樂會至少要讓大家聽得懂，大家才會愛聽，才會快樂。

辦文化活動，要讓人看得懂、聽得懂

我不是什麼大演奏家，可是我演奏的小提琴，讓人聽了會微笑，這就是藝術，這才是存在生活裡的藝術，是生活的一部分。文化，應該是人人都看得懂、聽得懂的。不是很高級的人才懂，是一般歐巴桑、歐吉桑都可以接受的東西。

博物館，是為了大眾而存在

我的博物館只有一個精神：為了大眾而存在。音樂，是大眾聽得懂的曲，美術收藏，是大眾看得懂的作品。

欣賞藝術，別盲目追隨流行

「有名的」藝術，跟「好的」藝術，常常是兩回事。藝術跟隨流行，是很可悲的事。

珍貴文化資產，讓世界看見台灣

將人類寶貴的文化資產留在台灣，分享給社會大眾，也讓世界更看見台灣，這是我一輩子最快樂的事。

美術課的目的，是培養欣賞樂趣

美術課的目的，不是要教畫圖，是要培養學生美術欣賞的能力。要讓學生們接受美術，培養他們欣賞的樂趣，不是要讓他們想到美術就討厭。

不要硬塞紙筆，給一個不會畫圖的人

我曾跟美術老師說過，不要一直逼學生畫圖，一個不會畫圖的人硬給他一張紙，要叫他畫什麼呢？美術課是帶給人快樂的。若有一張畫，能讓一個男孩說，畫裡的女孩子實在太漂亮了，他看到快昏過去了，這不就足夠了嗎？

拍賣場上的畫，是股票，不是美術

現在國際拍賣會上一張畫，喊價好幾千萬美金，那已經不是畫，是股票了，已經跟美術完全無關了。

音樂課，就要唱歌，不是背樂理

現在學生上音樂課，卻很少有機會唱歌。你若去看現在的音樂課本，就會覺得學生實在夠可憐，還得去背樂理，大調小調的。若是我，我也會討厭音樂課。不但要背一堆東西，還要考試，這完全失去學音樂的意義了。

讓孩子喜歡音樂，而不是害怕音樂

學校應該知道，國民音樂教育不是要訓練出音樂學者。我們是要從小培養學生對音樂的喜愛，不是要培養對音樂的害怕。

減少音樂與美術課，就是教育失敗

小時候在學校上課，什麼課都可以減，就是音樂課不行。反而現在的台灣，要減課都是從音樂課、美術課開始，這就是教育失敗。

獨一無二的原住民音樂

台灣在文化上可以誇耀的，只有原住民。而在原住民的文化裡，布農族的八部合音是世界上獨一無二的，是台灣足以向世界誇耀的文化。原住民有很多文化的東西，政府應該多加研究，也多多組團到國際上去演出。

文化是自然產物，不是靠作秀出來的

文化本來就是自然的產物，不是有政府才有的。政府做文化，都帶有作秀的心態，像有些大官就很喜歡去敲個鑼、放個煙火。這些煙火一燒就是幾千萬，燒的都是地方人民的血汗錢，也不環保。做官的都知道這種秀會上電視，大家會看到，所以這類燒錢作秀的事情做久了，變成大家見怪不怪。

你是不是專業傻瓜

日本人有個辭彙，叫「專業傻瓜」，形容一個專家從小到大只會讀書考試，甚至碩士班、博士班都很順利、很優秀，但是在讀死書以外，卻是個樣樣都傻的人，這就是「專業傻瓜」。這個辭不是在取笑傻子，是在取笑專家，因為他受教育的過程都是在試管內完成，不知道外在世界實際的情形如何。

（許文龍作品 奇美博物館提供）

一張好畫，比股票更值錢

我常講一句話：「同樣是一張紙，圖畫比股票更值錢！」

五百年後，林布蘭還是林布蘭

錢是原料，要使用才會變成品。有些人只會囤積原料，我則是用原料，做成畫跟小提琴。因為，五百年後，奇美很可能不存在了；會永遠存在的，是博物館和醫院。藝術與文化才是永遠的，你看，林布蘭五百年後還是林布蘭，雷諾瓦這些畫，到現在還是那麼美。

兩個靈魂的相遇

對一個演奏家來說，能演奏到一把世界名琴，絕對是畢生渴望的夢想。有人說，那就像是「兩個靈魂的相遇」，一個是演奏家的靈魂，一個是提琴穿越歷史的靈魂。

好琴，不該只為展示，
而是要被聽見

琴是活的，我們收藏的名琴不是只為了展示而存在，更希望這些琴的稀世音色可以被更多大眾聽見。

我是保管 violin 的人

人家若問說：「你一生到底是在做什麼事情？」我會說：「我是保管 violin 的人。」我常在想，我們可以留什麼給後代？想來想去，永遠可以存在這個世界、最有價值的東西，就是 violin 了。這些琴不是許文龍的，也不是什麼人的，是世界的文化資產，只是現在由台灣在保護而已。我們要珍惜這些東西，愛惜這些東西，一起來照顧這些珍貴的資產。

【許文龍・林佳龍對話錄】

把永恆的藝術留給後代

林佳龍（以下稱林）：我們認為，您用一生的實踐，建立了一個許文龍學，您有一個非常一致的價值體系，也就是「釣魚哲學」。這其中很關鍵的核心價值，是您尊重自然共生的道理，所以您成功的模式是共享，不是競爭與對立、惡性削價競爭；您和上下游廠商、和員工之間都形成一種很好的互惠關係。我們好奇的是，這種觀念大家都會講，但是放眼台灣企業界，只有您做得到，而且已經做了幾十年。為什麼會有這些價值？

許文龍（以下稱許）：講實在的，我自己也不知道。有的人台大考得上，但這種簡單道理他想不通。我台大考不上，但我就是知道這種事應該這樣做。

林：是先天的，還是環境的影響？

許：我想是先天也有，環境也有，兩邊都有。

我回顧我的一生，當然這裡面有我的釣魚哲學，這你們已經很了解。釣魚是我興趣中的一項，我喜歡那個過程、那個環境。我是感覺，在那麼美的環境裡不會感動的人，是不幸的人。當然在這個過程中，自然會退一步去想很多事情。

林：釣魚哲學裡面有老莊學說和生態學的思想，您觀念的核心是謙卑的向大自然學習，與人共生。但是您對員工、對家庭、對人的關懷跟重視，您覺得有沒有受到儒家思想或是孔子學說這些比較傳統東西的影響？

許：孔子喔，當然我們不能全面說他怎麼樣，但是有一點「假仙」，假仙太多。人要做好做壞，出發點一定是為了自己。當然這樣講是比較快，是簡化了一些，但基本上是這樣。人的本性都會去同情，會去疼惜東西，這是天生的，大家都有，也不是只有我才有，所以也不要說成都是為了別人。
很矛盾的就是，以前蔣介石時代不是說：「人生以服務為目的」？這個全套都是騙人的，實在不要騙老百姓！誰說人生一定要以服務為目的？服務當然是互相、互惠啊！我有獲得什麼，就要因此付出什麼。欠缺這個條件，事情不會長久。

人生是以自己的快樂為目的，是由自己的利益出發的，這個自己不能騙自己。每個人也都是這樣。只是說在這個過程裡面，為了自己的利益，為了自己的快樂，你一定要對別人好，別人才會對你好，是從這裡開始的；是為了讓你對我好，我今天就要請你吃飯，這是互相的。所以學校是教得一面倒，人就是要怎樣怎樣，我是認為，出發點是要為了自己，再來說要怎麼樣，這樣會比較自然。會比較久長啦！

所以說起來，很多人真正是工作狂，不工作不行，我是先天若不必做最好。當然工作……也是快樂，有成就感，今年賺多少、明年賺多少，設備增加多少、生產就增加多少，這也是很快樂的事。只是，我不會為了這種事花很多時間。

工作賺錢是手段，不是目的，當然要換一個更好的手段，讓快樂加倍。若這樣來看，音樂、釣魚、讀書，實在是很快樂的。若說少年時代去酒家，我也是有；看漂亮小姐，一定是有的。不過，我自己也會想，看看是好的，但若是娶來當太太，美麗的期間這樣短（拇指掐著尾指），麻煩的期間這樣長（雙手攤開），不划算。

林：但是有的人會衝動啊！您怎麼就是有辦法自我節制？

許：怎麼算都划不來！美麗的期間這樣短，然後肚子大了，孩子你也要幫忙養，將來分財產什麼的，家庭失和、兄弟鬩牆，不划算。所以就年輕時代去酒家時對她好一點，說一些好話，嘻嘻哈哈就結束，這樣最好。

林：您愛講笑話、很幽默的個性是遺傳到誰？

許：我想這是遺傳到我媽媽，我媽媽也是很愛講笑話。

林：您出生在一個大家庭，也成長在一個大時代。您是一九二八年生的，那是日本時代，剛好日本明治維新已經展開，是一個全面西化、大量吸收世界歷史文明的時代；您六歲的時候爸爸就失業，家裡又有十個小孩，經濟陷入困境；然後十幾歲遇到二次大戰，學業中斷；看到國民政府來台，又經歷二二八，那時您剛好二十歲。您認為您一生價值的形成，是大時代對您的影響多，還是家庭因素比較大？

許：時代影響是有，也有可能跟我個人先天的特質有關。

我想，我是比較像我媽媽。

我回顧我媽媽的一生，她雖然沒讀書，但是在家族裡面很有權威。在我印象中，如果親戚有什麼問題都是找我媽媽解決，她就會從大局判斷對錯，分析事情的本質是什麼，非常有權威。

所以，我從小就習慣從大的角度來思考事情，可能就是受到我媽媽的影響。

林：爸爸這邊的影響是如何？

許：當然看到爸爸沒頭路那個過程，變成是一個反面教材。我爸爸大約在他三十歲就失去工作，當時家境很困苦，全家人擠在一間小房間裡，八坪不到。那時候是住在安平港口邊的神農街，一間大倉庫隔成的，二、三十戶擠在一起，厝邊隔壁都是最底層的勞動階級，所以我三、四歲時就要照顧妹妹，三餐有吃飽就偷笑了。

我爸爸是家族的第七代長孫，但是我們家族在我阿嬤的時代已經家道中落，我爸爸在民間百貨店做過掌櫃，文采算是不錯。我媽媽是高雄茄萣鄉人，十六歲就嫁給了我爸爸許樹河，那時候他十八歲。

他後來就是莫名吃到雞頭，吃尾牙的時候被頭家解雇。公平來說，他的缺點是讓我知道人不能這樣走。他就是沒頭路了才變得保守，不喜歡去外面。我媽媽一直鼓勵他說：「你要去外面看看。」我媽媽借錢買很貴的報紙給他看，她說過一句話：「你可以失業，不能失志。沒有頭路沒關係，但是不能沒有志氣。」我媽媽沒讀書，但是講起來能力很好，她的觀念都很偉大。我爸爸少年時代是小秀才，文理也好，文學也好，家庭原本算是有錢，他就是整個消沉下去，所以他常說：「景氣有夠壞！」我做囝仔的時代，他常說這句話。真正有影啦，我一九二八年次的，一九三〇年接下去四、五年，世界經濟真的是有夠壞。不過，很壞的時機，還是有人賺錢啊！也是有人事業照做啊！

林：我聽說大姊對您的影響也很大，您兄弟姊妹的關係對您後來一生的人生觀、事業等等，有什麼影響？

（許文龍臨摹作品 奇美博物館提供）

ANGEL of GLORY
Wen-Long SHI, 2008

許：別人的家族我不知道，我們的家族真正很古怪。分明是同樣的血統，性格卻天差地別，很極端。我和我大姊完全是同一個系統，性格什麼都很像。另外一種是性格比較自私。當然，自私是人的天性，我也不敢說這是好或是壞，但是，我是從小就看到我阿祖「苦毒」（虐待）我媽媽的過程，有感受到威權的可怕。那時候我阿祖規定家裡要養豬，養豬就要去各個家庭收餿水，餿水裡面多少有米，臭酸的米，她就把餿水裡臭酸的米撈起來洗一洗，然後蒸，叫她媳婦——就是我媽媽——吃，就是苦毒。這款也有。我的兄弟姊妹十個，多數是不錯的。不過，不管如何都是親手足。所以我後來事業成功，也是大家一起分，只是分得多跟分得少的差別而已，現在大家都很快樂。

林：您還有一項特質，您很愛自由，也相信自由。不論在事業上還是生活裡，您都具有非常濃厚的自由主義思想。這跟家庭教育有沒有關係？

許：我跟你說喔，善赤人（窮人家）生十個小孩，是沒有在講教育的。一會兒這個生病，一會兒要洗衣服，一會兒這個肚子餓，根本忙到……可以說小孩不見了也不知道啊！生十個，都沒有請別人照顧，怎麼會想去管小孩？

所以說，我是做囝仔的時代就喜歡四處遊蕩。我小時候就很喜歡自然，放學回家不是去魚塭，就是去博物館，人家在說「回家讀書」，可是我從沒有回到家裡讀書的記憶。

我還有一個很有名的故事。我就讀高中的時候，覺得書包每天揹進揹出的，很麻煩，並不是很合理，我乾脆放在學校，就試試看會怎樣。所以這是我生平的第一次「合理化運動」，不帶書包回家。結果，也沒怎麼樣！從那次以後我就把書包放在學校，每天揹一個便當去上學。後來，鄰居看我怎麼每天出門都只提一個便當，就問我媽媽說：「啊你的囝仔是在哪裡上班？」

我那時候，高中三年都是全班最後一名。有一次，考第二十九名，我還高興了一下，以為進步了一名，後來才知道有一個人轉學了。

也不知道為什麼，我讀書就是「土土土」，老師若在台上講，我就會很愛睏。

不過，我知道我要追求的不是第一、第二名，因為要考一百分你就要費很多energy。要緊的是，我們那個時代若要娶某，你若沒讀書，沒人要嫁給你；若我們想娶個自己喜歡的人，人家可能會說，你只有初中學歷而已。都會這樣啊，所以實在說，讀高中純粹是為了要娶某。

林：您經歷過日本教育與國民黨政府的初期教育，學校教育對您有什麼收穫？

許：讀書是沒有，友情是有。交情比較深的，差不多是中學時代的朋友。不過這些朋友在事業上跟我並沒有關係，我有幫他們的忙，但有些做的也不是很順利。我多少會拿一些股票之類的東西去分給跟他們，大家的生活也還過得去。

學校的部分是這樣，日本時代，小學到中學的中間階段有一個「高等科」，兩年制的，這個制度現在沒有了。我小學畢業以後，沒考上高等科。在家裡自修一年，又沒考上。第三年再考，才考上。所以總共考了三次。

後來就讀一所專修工業學校（今成大附工），也是兩年制的，是訓練做工的學校。講白話一點，就是頭腦不好的人來這裡就對了，甘願做工的。但是我念了那所學校以後，我未來做工作的技術功夫都是從那裡學到的。

那個校長非常有趣。我進去以後，校長就很坦白跟我們說：「你們就是所有學校都考不上，才會來這裡，所以你們的頭腦不好，沒關係。但是，要有耐力、耐心，所以，一天應該跑個一萬米！」我們每天就從成大跑到安平，再跑回來，跑得有夠累。

再來就是現場實作，占了全部時間的一半，另外四分之一是學製圖，剩下的四分之一才是老師在黑板上教我們讀書，數學什麼的。

對我來說，若沒有當年現場實作的經驗，我不會有那些功夫。我做什麼都會啊！

車床、完飾、翻砂、製圖、打鐵……種種，我就是一個師傅，我自己就是黑手出身的技術者。所以我沒有在桌上寫作業、寫字那些經驗，我都是在現場，自己動手，自己研發。當時若有人拿東西來問我會不會做，我都說我有辦法。事業就是這樣一直做起來的。

我的一生當中，是很少在寫字的。大概只有在跟太太訂婚那段期間有寫信，接下來就很少拿過筆。還有就是你們知道的，寫給李登輝跟李遠哲的信。所以，也不是不參與政治的人就不關心台灣，我嘛很關心，光是那些信，我就要寫很久。

林：後來您念高中的時候碰到二二八。我聽您談過，您有朋友在二二八事件中受難，

這對您產生怎樣的影響？

許：我的是非觀念跟正義感都很強，這是受到我媽媽的影響。我媽媽年輕時代也是

愛打抱不平，我是有遺傳到我媽媽。

二二八之後，我曾經想要參加共產黨。最早想要參加是在日本時代，那時戰爭還沒有結束，我聽到共產黨的制度，高興到整夜睡不著，想說世間怎麼有這麼好的制度，有錢人與沒錢人可以平等！我就想要參加，但是都沒有線索，只是聽說。

二二八的時候，我有一位在台大的親戚死了，我在南工那些從大陸回來的老師，滿洲、東北大學畢業的也被槍斃，都死了。當時我身邊死掉的人很多，看到這一切，會有很不甘願的想法。所以光復以後，我也曾經想要參加組織，但是我念的學校裡面的學生都是落第生，問也問不到。那些秀才都去了台大，後來都死了，剩下在台南的人，都沒有這種管道。雖然我有問過要如何參加共產黨，他們只回應有聽說，還是沒有管道參加。所以講起來，我算是好運，因為不會讀書沒去台北，不然今天可能也沒有機會在這裡了，也不會有奇美。

林：這對您後來的政治立場，產生怎樣的影響？

許：直到現在，對我來說還是有影響的。

當時的國民黨完全是土匪，真正的野蠻，都沒在講理的。日本人比較兇，但基本上還是司法獨立，當時楊逵寫文章批評日本人，日本人很氣，就把他抓起來關。他總共被抓了十二次，但是加起來的拘留時間不超過一個月，二十九天，最後還是把他放出來了。可是國民黨來了以後，差不多二二八沒多久，楊逵發表一篇文章〈和平宣言〉，文章很短，呼籲政府要消除省籍歧見、要還政於民，結果被送進綠島，只關一次就關了十二年。

日本統治的時候有一些獨立運動，當時有些日本議員跑來台灣加油；戰後的台灣民主運動，也有日本人幫忙。也因為這種種緣故，過去若有人問起，我也會講一些相對的觀念，但有些人卻說我是「常替日本人在講話」。我是認為，這樣看問題是層次有較低。對於政權、政府，或是說歷史，我是站在人民的角度，有做事情就是有做事情，我不是站在統治者的角度來看。

林：日本人走，國民政府來，當時人民看到的是一種怎樣的過程？

許：這個過程，有人說是台灣「光復」，但對我來說，卻是突然間墜入了昏天暗地。大陸來的軍隊素質不好，治安突然間變得非常差，接連的二二八、白色恐怖，朋友親戚一個個被捉走，槍斃後才說無罪，也是時有所聞的事，有沒有明天也不知道。但這些事，現在卻常被當成笑話來看。

所以現在的時代，青年朋友常說現在社會亂、治安不好，在我看來卻是美好的時代，只是媒體太過發達而已。過去發生多少不幸事件，只是學校沒有教，媒體沒有報。當然，現在政府是有一些問題，但是高談闊論也不會怎麼樣了，可以罵政府，也可以罵總統，照三餐在放送，都不必擔心今天回家以後是否還有飯可吃。我實在很高興能夠活到這個民主的時代。

林：您講過「管理的最高境界，要達到感覺不出被管理」，具體作法就是充分授權、目標管理。這是您的幸福哲學，所以人生要幸福就要研究這項學問。我們很好奇的是，譬如早期事業剛開始時，我了解您也是工作到不眠不休，為什麼到了一個程度之後，您就轉變了？

許：這是這樣，少年時代我也是非常認真，一日工作十幾個小時。這是因為那時候我若不做這些事，就無法賺錢，也請不到人做。我是若可以讓別人做，我就馬上讓別人做。若自己做可以賺一百，請人做只能賺三十，我寧願只賺三十！不過我也會去想，我若請十個人替我做的時候，我就賺三百！這個道理就是在說，我若請你來做，我賺一百塊的錢只拿二十給你，你會很不情願。因為你心底很明白，賺的錢大部分被我拿走了，所以你做不久。但是，若我賺一百卻給你八十，你就會想「這個頭家不壞，賺的錢大部分給我」。可是我做頭家的人可以請十個人，每個人二十，就是兩百塊，這是非常簡單的理論。你們在學校的數學課，有沒有教這個？

林：我聽說寶成集團的蔡其瑞總裁來家裡看過您，還送您一張大悲咒，他請人寫了很久。蔡總裁是吃齋的人，很虔誠，他說，剛好用餐的時候有一道菜是您親手釣的魚，他就說了一聲「阿彌陀佛」，可是您跟他講了一個生態的觀念，讓他印象非常深刻。他說，他從來沒有從這個角度想過葷素的問題，對他啟發非常大。

許：他是很偉大的企業家，也是做到很成功，很認真，他以前是畫家。那他就是做皮鞋很成功，所以牛就殺很多，又實在是很虔誠的佛教徒，就很關心那些牛。可是若不殺那些牛，就沒有牛皮了，所以對殺那些牛他就有一種內疚。我就跟他說，牛是會發出聲音的，哞哞叫，會出聲，可是有些是不會出聲的。那些草也是好不容易長出來的，可是你看，牛一天吃了多少草？這是去欺負那些不會出聲的喔！那你殺一頭牛，是救了多少草呢！對不對？

這不是在說什麼人對，或什麼人不對。古早時代是分做動物和植物，現在都叫做生物。但是有些吃素的人會認為說，釣魚是殺生啦，動物不能吃，植物才可以吃。可是，若從生物的角度來看，這變成了是欺負不會出聲音的，只是欺負植物是啞巴而已，不是嗎？

所以我就說，草把它拔起來的時候，它也在那裡「哎」呢，草只是發不出聲音而已。那你保護那個會出聲的，欺負那個不會出聲的？這就好比出家茹素的人，在那邊叩叩叩（誦經），這也是沒有錯的，可是若換一個角度看，蔬菜也想要生長起來啊，都還沒有長大就把我割下來吃，也沒有跟我說謝謝，也不認為是怎麼樣，對不對？

比較不公平的還有喔！一隻海豚走過來，說是擱淺，你就把牠保護起來；可是，你若在海裡看到海豚，你是會很生氣的呢！牠是吃到會翻滾。牠很忙，就是一直要吃。一般人鮮少知道，其實海豚吃魚的技術真的很好，牠吃到飽的時間很短，剩下的時間，魚就是給牠玩的！所以魚若跳起來，是在覓食；海豚若跳起來，是在嬉戲！牠是在遊戲，欺負那些小隻的魚。

但現在的政策是，只要海豚一擱淺，我們人類就派一些人去保護牠，讓牠重回大海，繼續去欺負那些小魚。牠一天不知要吃掉多少隻魚呢！說不定，若我們把這些海豚煮來吃，小魚們會在那邊鼓掌！只是，小魚在那邊鼓掌我們看不到而已。

所以，我只是提供一個相對的觀念。莊子就是這樣講，自然都有一個原理在，不需要浪費那些資源去特別保護什麼東西。相反的，人若是抓一些魚苗、小魚來吃，這才應該管制、應該要保護的。例如魚在產卵的時間，這時候我們就不要去抓牠。像這種事就要去做，可是真正該做的反而都沒做。

林：您有一次跟我們聊到，像寶成集團的蔡其瑞、蔡其建兄弟協助重建鹿港龍山寺，金車李添財董事長在宜蘭成立仰山基金會、贊助很多在地的文化活動，您都很欣賞。您說，就像義大利的文藝復興，也是開始於一個小漁村，之後就會慢慢擴散到全歐洲，影響全人類。所以，如果每個成功的企業家都能把自己的故鄉照顧好，台灣的城鄉差距、貧富差距就不會這麼嚴重了。所以您才來照顧台南。

許：是啊。要一個企業家去照顧全國，那也是太不可能，太過吃力了。事情有一個順序，有心要回饋社會，這順序一定是這樣的，那要做什麼事都沒關係。但是，很多人都把這個順序弄相反了，例如對自己的太太很刻薄，在外面卻很大方。這種人很多，這種人蓋嚴重，蓋討人厭！對朋友、對自己的家屬或是員工什麼人都很刻薄，但是在外面捐大錢，然後報紙就報得大大的。

林：沽名釣譽。

許：對啊！這種人社會上真多。

林：您一直希望員工可以幸福過日子。在台灣，只要提到幸福企業，第一個一定是想到奇美。但是也有一種看法認為，因為台灣的股市本來就很不健全，加上您又不炒股票，所以奇美電子股票上市以後，很難繼續堅持一個幸福的方式？

許：幸福這句話喔，是內在的事情，不是你處於什麼環境。所以幸福跟環境，是兩回事。你若對事情看得開，在什麼變化中都不會感到害怕。禪裡面有一句話說「滅卻心頭火自涼」，這句話是很好的。就是在說，你的內心若很冷靜、很穩的時候，就算走進火裡也會感到絲絲涼意。

林：心靜自然涼？

許：對。一個人不是因為今天股票大漲了，我就大歡喜。這是最下等的，對不對？一下子股票大漲了，歡喜到酒一直喝，「來喝喔！」這樣子；等明天股票大落了，就憂愁憤慨，連孩子在叫爸爸都不理了。變成說，你的喜怒哀樂，都被電視機裡跳來跳去的數字牽著跑。

所以禪這句話就是在說，一個人千萬不能讓環境去左右你的心境。對我們人來說，這是很重要的。你快樂也好，悲傷也好，都是你的內在使然，不要去怪環境。但是現代人很嚴重的，就是都被外在事物影響太過厲害。現實的社會多數是這樣，這是很嚴重、很大的病，對不對？你若那些念頭都沒有的時候，就算在火裡，也是感覺很涼呀！

林：若回顧人的一生，您怎麼評價自己？

許：我是感覺我蓋好命。我看全世界比我好命的，有也是很少。我跟你們說喔，其實在我的生活裡面，工作時間占的比重真的不大。

做生意一定是這樣：這片草地不是你吃到，就是我來吃。鹿來、大象來、獅子來，什麼都來，就會變成這樣，現代人的生活就像都市叢林。不過，你若真正懂得生存，你身邊應該有一些可以和你在一起的東西，我說的是一個小範圍，就是你要有自己的 partners（夥伴）。剩下的就是要授權。我不會去干涉，我跟公司裡的人若意見不同，我會尊重他們。因為對我來說，這些錢我也用不到，而且我經常跟他們說，你們去追求幸福啦，不要為了企業這樣子沒日沒夜，把家庭放一邊。

所以你看，我買一支 violin 要花好多錢。若不買的話，那筆錢會被別人用掉，錢就要自己花才會爽快，對社會才會有貢獻。

這就是說，在奇美做了這五、六十年，最後我看會留在社會的東西，就是博物館跟醫院。事業這種東西是不可能永遠的，不是說我們不願意，也不是說事業就會沒有了，都不是；而是說，在我們人類的發展裡面，百年企業本來就少見，要拚成怎樣也沒人知道，這個變化是很快的。

所以人家若問說：「你一生到底是在做什麼事情？」我會說：「我是收藏violin的人。」

我們可以留給後代的，就是這個了。永遠可以存在這個世界的、最有價值的東西，想來想去就是violin了。第二個我會說，差不多是以十九世紀為中心的美術品收藏家。

林：大家很好奇的是，您是什麼時候開始想要有系統的收藏小提琴？而且這個質跟量在國際上都已經首屈一指？

許：我對文化藝術的想法，是做孩子時代就有了。因為我從國小開始，書就讀得很差，再怎麼考，所有的學校都考不上。那時候我自己就知道說，我是不可能考上好的學校、上大學什麼的，但是我也知道，我有自己的東西。所以我來做工，不過我不會失去一些我想要追求的東西。穿一條牛仔褲、工人褲，口袋裡放一本歌德的詩集，這是我少年時代的理想。

林：少年維特的煩惱？

許：是啊！我是很早就知道，事物的價值不在名，也不在利。後來事業做成功了，我就一直想說，要做博物館，就一直做到現在。一個國家、一個社會若沒有這些文化藝術，你只會講多有錢，國際上並不會欣賞你。所以，我就是走這條路。還有一點，我常常都會很高興說，我可以做這件事。不然，打拚賺來的錢要花去哪裡？

當然，有人說，賺的錢可以再投資呀！這也不是錯，不過，我並不想把所有錢都用於再投資。也有人說，要不然來買土地，炒地皮啊！我是認為，這都不是辦法。我們若拿錢來炒土地，地價會一直漲，那些真正需要房子的人就沒機會了，對不對？我也知道錢不能給孩子，也不能娶四、五個老婆……，那這樣，只有買藝術品了。所以我常跟我孩子說，我任何一個孫子都不可以用到我的錢！我賺的錢、公司的盈餘，就是要換成這種比較永恆的東西。

林：您喜歡藝術文化是很早就很喜歡了，但是到了想把提琴典藏變成世界第一，這個買琴的企圖心跟這個機緣是怎麼開始的？

許：買琴的念頭，是比我開始買的時間還要早很多。當時的問題是，你這支琴到底是真是假？要怎麼鑑定是很大的問題。一直到林昭亮說他要賣琴，那時候才正式買了第一支，因為我知道林昭亮是絕對不會騙我的。他那支琴是Stradivari（史特拉底瓦里），一七〇一年的。

從林昭亮那支琴賣給我們開始，小鍾（鍾岱廷）剛好出現。他是我們的顧問，琴的事情問他就對了，他本身也是製琴師父，很多人不知道我們也會做琴。那時候剛好事業也越來越成功，所以就接著買。現在全世界的民間博物館裡，我們的品質跟數量都已經是首屈一指，光最近幾年，國外都不知道來借幾回了。名琴是人類很珍貴的東西，它的濕氣啦、溫度啦，一定都要做到很好，所以那是很少在展示的。但是世界上任何的國家，像法國、美國，或是義大利、挪威等等，都會定期舉辦展覽，而全球知名的就那幾支，一般人也會想看到底什麼是 Stradivari，什麼是 Guarneri（瓜奈里），那時候他們絕對都會來奇美借。借的時候，他們就要幫我們出錢，旅費啦、保險費種種，全部要幫我們出，然後我們的琴就坐飛機借他們去展覽，我們的人就被請上台去講話，在那裡也替台灣做了很好的國民外交。

在先進國家的文化活動中，可以讓台灣做代表、站起來講話，這是很不簡單的。所以，這已經是屬於社會的東西了，就應該讓社會知道台灣有這些東西。這不是許文龍的，也不是什麼人的，是世界的文化資產，現在由台灣在保護。所以我們就要珍惜這些東西，愛惜這些東西，政府跟社會應該一起來照顧。

林：您談過喜歡畫的起源，就是小學時候看到米勒的《晚鐘》。那音樂呢？您高中時代就有組南工樂團，還在台南延平戲院演出。您最早開始接觸音樂，是什麼時候？

許：我從很小的時候就很愛音樂，因為我二哥愛音樂，還有我姊姊也愛音樂。另外，那時候是日本時代，也沒有電視，也沒有收音機，四處就是大家在唱歌。所以在那種環境裡面，自然都會產生對音樂的愛。

林：您最早會的樂器是小提琴、吉他，還是曼陀林？

許：國小我是愛唱歌，樂器是都不會。後來我是先學曼陀林、吉他，然後才來到

violin。

我講一個你們比較不知道的。奇美是典藏小提琴，但是主要推廣的卻是曼陀林。為什麼？因為我有發現一個現象。現在很多能力過得去的家庭，都會要小孩學小提琴。其實，這對孩子是很痛苦的事情。學過的人就知道，小提琴是很不容易學的，所以一般都是六、七歲開始學，幾年之後就沒有下文了。十個裡面有九個就不見了，差不多我看二十個有沒有剩下一個！

因為這個現象，我才想到說，若要解決這個問題，應該來推廣曼陀林。因為小提琴的聲音是靠耳朵來調整，不是靠手。提琴沒有音階，琴拉下去聲音若不對，差半音就要移動一下，所以你的聽力要蓋厲害。但是，曼陀林的聲音就絕不會跑，它有音階，你按照把位這樣按下去，聲音就一定對！

所以小提琴你若學三年，聽起來還是很痛苦。但是，曼陀林大約用小提琴十分之一的時間，就可以彈出一首曲子了。再沒有音樂天分的人，半年也可以彈得很有趣味！

為了這樣，我一直在推廣曼陀林，已經做了十幾年，這可以解決孩子的痛苦。所以，應該讓小孩先學曼陀林，學了以後若覺得有趣味，再去學小提琴，這樣比較好。

林：一個成功、有名的人，通常會關心自己的歷史定位，後來的歷史怎麼看自己。您有沒有想過，百年以後這個社會可能怎麼看您？

許：這個事情是不需要太過去想。後代要怎麼看，我們看不到、也聽不到啦！那個沒什麼。當然我們會想說，這張畫我買了以後，我自己享受之外，後代人也可以享受，這會這樣想。這個可以想。但是，考慮太多，我想也是沒那個需要。

林：您都不考慮外界怎麼看您嗎？

許：那都是你們的自由。

國家圖書館出版品預行編目（CIP）資料

兩個餌只釣一條魚：與許文龍邊釣邊聊 / 林佳龍編著 .
-- 初版 . -- 臺北市 ： 早安財經文化， 2017.03
面 ； 公分 . -- （早安財經講堂 ； 72）
ISBN 978-986-6613-85-2（精裝）

1. 人生哲學 2. 生活指導

191.9 106000952

早安財經講堂 72
兩個餌只釣一條魚
與許文龍邊釣邊聊

編著：林佳龍
責任編輯：林皎宏
行銷企畫：楊佩珍、游荏涵
攝影：楊雅棠
美術設計：雅堂設計工作室

發行人：沈雲驄
發行人特助：戴志靜、黃靜怡
出版發行：早安財經文化有限公司
台北市郵政 30-178 號信箱
電話：(02) 2368-6840 傳真：(02) 2368-7115
早安財經網站：http://www.goodmorningnet.com
早安財經粉絲專頁：http://www.facebook.com/gmpress

郵撥帳號：19708033 戶名：早安財經文化有限公司
讀者服務專線：(02) 2368-6840 服務時間：週一至週五 10:00~18:00
24 小時傳真服務：(02) 2368-7115
讀者服務信箱：service@morningnet.com.tw

總經銷：大和書報圖書股份有限公司 電話：(02) 8990-2588
製版印刷：中原造像股份有限公司
初版 1 刷：2017 年 3 月
初版 10 刷：2017 年 7 月

定價：450 元
ISBN:978-986-6613-85-2（精裝）